CHAPELLE DE SAINT WALFROY.

NOTICE HISTORIQUE

SUR LA VIE DE

SAINT WALFROY

RESTAURATION DU PÈLERINAGE

INSTRUCTIONS ET PRIÈRES A L'USAGE DES PÈLERINS

AVEC AUTORISATION

De S. Ex. Mgr **LANDRIOT**, Archevêque de Reims

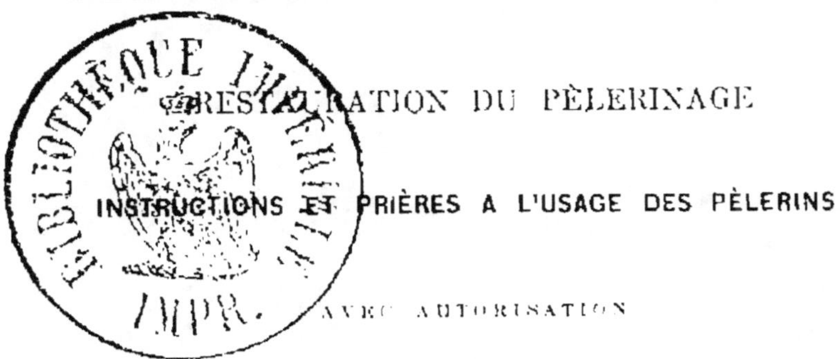

SEDAN

TYPOGRAPHIE DE JULES LAROCHE

1869

VIE DE SAINT WALFROY.[1]

Par sa sainteté, par ses miracles, par ses courses continuelles dans son vaste diocèse, saint Remi, Archevêque de Reims avait affermi la foi catholique dans une grande partie des Ardennes. Il mourut en 533. Après lui, ses disciples, saint Bertaud, saint Aumont, saint Arnould, avaient complété son œuvre. Toutefois le paganisme subsistait encore en plusieurs lieux. Un autre saint devait lui déclarer la guerre. Ce fut saint Walfroy.

(1) Les Bollandistes ont parlé de saint Walfroy au 7 de juillet (T. II, Juillet p. 478) et au tome IXᵉ d'octobre. Ils citent surtout Grégoire de Tours, Arnold Wion, Surius, Bucelinus, Ferrarius, les actes de la commission royale de Belgique (t. 7, p. 30); Willem; Migne, Patrologie, (t. 18, col. 461).

A 11 kilomètres d'Ivois-Carignan (1), vers le sud-est, s'élève une montagne qui domine de 180 mètres la vallée environnante. Les prairies de la Chière l'entourent comme d'une ceinture. De son sommet aride et nu, on voit se dérouler un panorama magnifique. On a sous les yeux une partie de la Champagne et de la Lorraine, surtout de la forêt des Ardennes, et la riante vallée d'Orval. C'est là, qu'à la fin du VIe siècle un étranger vint s'établir. Il y vécut longtemps dans la pratique des vertus les plus austères. Mais la Providence voulait manifester son mérite ; voici quelle occasion elle ménagea :

L'an 585, Grégoire de Tours, le père de l'his-

(1) Ivois, en latin *Epoissum*, *Ivodium*, etc., était déjà une des villes importantes du pays à l'époque de la conquête romaine. L'*Itinéraire* d'Antonin y place une station militaire et y fait passer la grande voie *Césarée* qui allait de Reims à Trèves. Ivois fit partie du Luxembourg jusqu'au traité des Pyrénées en 1659, époque de sa réunion à la France. Il appartint ecclésiastiquement au diocèse de Trèves, jusqu'au Concordat de 1801. Louis XIV le donna en 1661 à Eugène-Maurice de Savoie, comte de Soissons, père du célèbre prince Eugène, et l'érigea en Duché, par lettres-patentes de mai 1661, enregistrées à Metz le 2 octobre suivant. Il ordonnait en même temps que la ville d'Ivois changerait de nom et s'appellerait *Carignan*, du nom de l'apanage, en Savoie, du nouveau duc et du titre sous lequel il était plus connu. Louise-Marie-Adélaïde de Bourbon, femme de Louis-Philippe-Joseph d'Orléans (Egalité), morte le 23 juin 1821, fut la dernière Duchesse d'Ivois-Carignan. (*Annales d'Ivois*, p. 392.)

toire de France, fut envoyé en ambassade par Gontran, roi de Bourgogne, vers Childebert II, roi d'Austrasie, qui tenait alors sa cour à Coblentz. Au retour, en passant à Ivois, accompagné d'un prélat nommé Félix, il rencontra un religieux dont la réputation était arrivée jusqu'à lui. Ce saint homme était Diacre et se nommait Walfroy. Ayant abordé Grégoire, dont il reconnut la dignité, il l'invita à venir se reposer dans son monastère. L'évêque y reçut le meilleur accueil; il y admira une grande église que Walfroy avait élevée et enrichie des reliques de saint Martin. A force d'instances, Grégoire obtint que le pieux solitaire lui racontât l'histoire de sa conversion et de sa vie et c'est Grégoire lui-même qui nous en a conservé le récit (1). Nous l'abrégeons ici en le transcrivant (2).

Walfroy était Lombard, mais né de parents chrétiens (3), quoique les Lombards, fussent encore pour la plupart payens. Dès sa jeunesse, il se sentit une grande dévotion pour saint Martin sans savoir encore si cet illustre serviteur de Dieu avait été confesseur ou martyr. Il veillait

(1) Grég de Tours. Lib. viii, ch. 15.
(2) Bertholet, *hist. de Luxembourg*, t. ii, p. 64.
(3) *Annales civiles et religieuses d'Ivois-Carignan*, par le P. Delahaut, publiées par D. Lécuy, Paris 1822, p. 218.

souvent en son honneur dans l'église, et donnait aux pauvres ce qu'il pouvait amasser d'argent. Comme le monastère d'Atane en Limousin était alors fort renommé, il s'y mit sous la conduite d'*Aredius* (vulgairement saint Yricix ou Irier), qui en était le fondateur et le premier abbé, depuis l'an 550 (1). Ce saint homme conduisit un jour son nouveau disciple à Tours, au tombeau de saint Martin, et en prit un peu de terre qu'il serra dans une boîte. A leur retour au monastère, ils trouvèrent la terre tellement multipliée, que la boîte en était remplie et que les jointures mêmes en étaient couvertes. Ce miracle inspira à Walfroy une nouvelle confiance en saint Martin. Il quitta Atane quelque temps après et se retira au diocèse de Trèves pour y mener une vie plus parfaite et plus solitaire. Le choix de cette résidence, extraordinaire au premier coup-d'œil, s'expliquera tout naturellement quand nous en aurons étudié les causes.

Aredius, né à Limoges vers l'an 511, de parents nobles et pieux, avait été reçu au nombre des gentilshommes de Théodebert, roi d'Austrasie, en 534. Les avis de saint Nicet, Archevêque de Trèves, né comme lui à Limoges, déterminèrent

(1) *Bibliothèque sacrée* par Richard et Giraud, art. *saint Irier*.

Aredius à quitter la cour afin de se consacrer à la pénitence. Il s'attacha pour cela au clergé de son saint compatriote, et il le suivit dans son diocèse. Bientôt la mort de son père, nommé Jocand, le rappela de Trèves, en Limousin. Il y continua les austérités de sa vie auprès de Pélagie, sa mère, jusqu'à ce que devenu libre par la mort de cette pieuse dame, il put fonder le monastère d'Atane à l'aide des grands biens qu'elle lui avait laissés.

Saint Nicet, Archevêque de Trèves dès 527, vivait probablement encore, car il mourut seulement en 563. Malgré la difficulté des communications, il avait conservé avec l'Auvergne des relations nombreuses; il l'avait même visitée plusieurs fois, notamment en 535 et en 549, pour assister à deux conciles tenus à Clermont. Aredius était toujours son disciple, son ami, son ancien clerc. Quoi de plus naturel que le choix du pays de Trèves pour y envoyer Walfroy se perfectionner dans la sainteté, sous la conduite d'un si grand maître? Nicet était alors, en effet, une des lumières des Gaules. Il avait écrit à l'Empereur Justinien et à Closinde, reine des Lombards, des lettres célèbres dans toute l'église par leur science et leur fermeté. Un antique Martyrologe manuscrit lui attribue, à tort, il est vrai, la composition du *Te Deum* (1). Ce fut lui, sans doute, qui accueillant le disciple bien-aimé d'Aredius, lui indiqua à deux lieues d'Ivois, une montagne consacrée à Diane, où on adorait encore la statue colossale de cette déesse. Pour répondre aux désirs du saint Archevêque et purifier ce lieu des superstitions idolatriques, Walfroy y bâtit une église et un monastère en l'honneur de saint Martin.

Dom Delahaut (p. 218) fixe vers l'an 565 l'arrivée de saint Walfroy au pays de Trèves. Il nous paraît beaucoup plus conforme aux vraisemblances historiques de la placer quelques mois plus tôt, du vivant de saint Nicet. Quoi qu'il en soit, s'il ne fut point accueilli par saint Nicet lui-même, il le fut par saint Rustic, successeur de ce grand Évêque ; et quand, avec la permission et par les libéralités du roi Childebert, il eût construit un monastère et une église, ce fut saint Magneric, 49ᵉ archevêque de Trèves, et successeur de saint Rustic depuis l'an 573, qui en fit la dédicace (2).

(1) *Bibliothèque sacrée* par Richard et Giraud, art. *saint Nicée.*

Auteurs sacrés par D. Ceillier, T. XI (page 203), Edit. Vivès.

(2 *Annales civiles et Religieuses* d'Ivois-Carignan par D. Delahaut, (page 219;.

Richard et Giraud, art. *Trèves.*

Mais les austérités monastiques ne pouvant satisfaire encore la ferveur de Walfroy, il crut devoir retracer la pénitence des stylites d'Orient. Il érigea donc au plus haut de la montagne, une colonne sur laquelle il se tint debout. Cette colonne était de bois ; « elle était haute de cin-
» quante ou soixante pieds, dit le P. Bertholet
» (T. II. p. 64) : elle avait au bout une petite
» cellule d'osier, large et longue de trois pieds,
» où il n'était pas possible de se coucher ; c'est
» pourquoi le stylite était obligé d'y être tou-
» jours debout, assis ou à genoux. On lui por-
» tait à manger par le moyen d'une échelle et il
» ne descendait que dans les besoins d'une
» grande nécessité. » Aussi, les rigueurs de l'hiver, si rude en cette contrée, l'éprouvèrent cruellement. Souvent les glaçons pendaient à sa barbe, et le froid lui fit plus d'une fois tomber les ongles des pieds. (1)

(1) Arnold de Wion, religieux de l'Ordre de Saint-Benoit, né à Douai, a composé : *Lignum vitæ, ornamentum et decus Ecclesiæ, in quinque libros divisum, in quibus totius sanctissimæ religionis divi Benedicti initia, viri dignitate, doctrina, sanctitate et principatu clari describuntur, et fructus qui per eos S. R. E. accesserunt, fusissime explicantur* : Venise, 1595. C'est lui qui le premier s'est servi de cette comparaison reproduite depuis lors par tous les écrivains qui ont parlé de Saint Walfroy : *in barbis ejus aqua, gelu connexa, candelarum more dependebat,* les glaçons attachés à sa barbe, y étaient suspendus comme des chandelles.

Surpris de ce genre de vie, continue Bertholet, Grégoire demanda à Walfroy quels étaient ses aliments, son breuvage, et comment il avait pu renverser les idoles de la montagne ?

La nourriture du nouveau stylite n'était qu'un peu de pain et d'eau, avec quelques herbes. Une pénitence si extraordinaire frappa les habitants des environs. Ils accouraient en foule au pied de la colonne de Walfroy et il leur prêchait de cette chaire, la vanité des idoles et l'indécence des chansons de leurs festins. Il leur représentait surtout que Diane n'était qu'une statue insensible et sourde. Dieu bénit sa prédication ; les idolâtres furent détrompés. D'abord il brisa lui-même les moindres idoles, puis convoqua un certain nombre de nouveaux convertis pour renverser la statue, qui était d'une grandeur prodigieuse. Il n'en put venir à bout, même avec leur aide ; mais dès qu'il fut allé faire sa prière dans l'église, la statue céda aux premiers efforts, et, à coups de marteau, il la réduisit en poussière. A l'instant son corps parut couvert de petits ulcères, comme si le démon eût voulu se venger sur lui de l'injure qu'il venait de recevoir. Walfroy, s'étant mis en oraison au pied de l'autel et s'étant frotté avec de l'huile qu'il avait apportée de l'église de Saint-Martin, s'endormit vers minuit. A son réveil, il se trouva guéri et remonta sur sa colonne. (1)

Cependant on parlait diversement de son genre de vie, et ses pénitences paraissaient à quelques-uns au dessus des forces humaines. Les Evêques voisins vinrent le trouver et lui dirent : « la voie » que vous suivez n'est pas bonne, vous n'êtes » ni comparable à Siméon d'Antioche, qui a vécu » sur une colonne, ni capable de mener une vie » si austère à cause de la rigueur du climat ; » descendez donc au plus tôt et demeurez avec » vos frères, que vous avez rassemblés ici. (2) »

Il descendit aussitôt et mangea avec les Evêques. Peu de temps après, l'Evêque de Trèves l'attira sous quelque prétexte dans un village voisin, et pendant son absence commanda à des ouvriers d'aller abattre la colonne. Walfroy, qui n'en vit plus que les débris à son retour, ne pût retenir ses larmes ; mais il ne la rétablit pas, par res-

(1) M. Jeantin, *Histoire du Comté de Chiny*, T. II (page 392) place ces événements à la date de 574. Il s'appuie sur l'autorité du P. Fulgence, annaliste de Mouzon.

(2) Bertholet (page 68.)

L'auteur de l'*Histoire du Comté de Chiny* T. II (page 399) affirme, mais sans preuves, que les évêques étaient avec saint Magnéric de Trèves, ses suffragants de Metz, Toul et Verdun, accompagnés très-probablement, du Primat de Reims.

pect pour son Evêque. Il demeura depuis ce temps-là dans le monastère où il racontait ces faits à Grégoire

L'Evêque l'interrogea encore pour connaître quelques-uns des miracles que saint Martin avait opérés en Ardenne. Walfroy en raconta un grand nombre. Voici les plus remarquables. Ceux qui étaient poursuivis pour quelque crime venaient à l'église de Saint-Martin afin de le prendre à témoin de leur innocence. Un homme, était accusé d'avoir mis le feu à la maison de son voisin ; la chose paraissait manifeste. « J'irai à la basilique » du saint, dit-il, et je me justifierai de ce cri- » me par le serment. » Quand il se présenta Walfroy lui dit : d'après la déposition de tes voisins, tu es coupable. Mais Dieu est partout, sa puissance est la même au dehors qu'au dedans. Si tu as la confiance que ni Dieu, ni les Saints ne punissent le parjure, voici l'église, tu peux jurer vis-à-vis, mais je ne te permettrai pas d'y mettre les pieds. L'autre leva la main, et jura par le Dieu tout-puissant et son Pontife Martin qu'il n'était point l'auteur de l'incendie. Au moment où il s'en retournait, il parut environné de feu et, tombant soudain à terre, il se mit à crier que le saint Pontife le brûlait d'une manière terrible. « Oui, s'écriait-il, j'en atteste Dieu, j'ai vu

» tomber du ciel un feu qui m'environne et me
» dévore. » En disant ces mots, il expira. (1)

Plus tard, un jeune homme, Franc de naissance et d'une famille distinguée, fut amené à la montagne de Walfroy, sourd et muet. Il retourna guéri miraculeusement, après avoir couché plusieurs nuits de suite dans l'église de Saint-Martin.

« Un homme, fut accusé d'avoir volé, il était
» réellement coupable, mais il ne voulait pas en
» convenir. J'irai à l'église de Saint-Martin, dit-
» il, et je me purgerai par serment... Il voulut
» entrer dans l'église pour consommer son im-
» posture ; mais Dieu ne le permit pas ; une main
» invisible le frappa et le terrassa. Il n'en fallut
» pas davantage pour le faire rentrer en lui-
» même et avouer sa faute. » (2)

Tels étaient les récits de Walfroy à Grégoire de Tours durant les jours qu'ils passèrent ensemble. Heureux serions-nous si tous les Saints de nos Ardennes avaient été ainsi interrogés par des hommes capables de nous conserver leurs réponses. Que de traits admirables ils nous auraient laissés.

(1) *Vie de saint Grégoire de Tours*, par M. l'abbé Dupuy. Paris, 1857, (page 390 et suiv.)
(2) Vie de *Saint Walfroy* par M. Hulot, Ch. H, Doyen de Carignan, Charleville, Pouillard, 1867 (page 12).

Avant de quitter la montagne, Grégoire de Tours observa pendant deux nuits des signes dans le ciel. C'étaient, vers le nord, des rayons éclatants ; et du côté opposé, des nuées sanglantes. La troisième nuit, les rayons apparurent. Le saint les contemplait avec admiration, quand des quatre plages du monde d'autres rayons s'élevèrent, s'unirent aux premiers, et envahirent tout le ciel qu'ils remplirent, comme une tente plus large à la base et plus resserrée au sommet. En travers des rayons, d'autres nuages lançaient comme des éclairs éblouissants. Terrifié par ces phénomènes, Grégoire y cherchait des présages. Il se trompait sans doute, et ce qu'il avait vu n'était qu'une succession d'aurores boréales qui se montrent de temps en temps dans le pays.—Pourquoi, en reconnaissant son erreur, n'admirerions-nous pas sa vigilance, son esprit d'observation, sa foi vive, qui lui montrait partout la main de Dieu ? Ici se terminent les récits de Grégoire de Tours.

Trois ans après le passage du pieux Évêque deux seigneurs Francs, Ursion et Berthefrède conspirèrent contre leur roi, Childebert d'Austrasie. Découverts avant d'avoir pris les armes, il se réfugièrent sur la montagne de Saint-Walfroy, à l'abri du fort de Laferté. Godegisiles, gendre du Duc Loup, de Champagne, et frère de l'Archevêque Romulfe, de Reims, vint les y attaquer. Ursion fut tué sur place et Berthefrède poursuivi jusqu'à Verdun, y fut à son tour mis à mort. La ruine et l'incendie rendirent inhabitable le monastère de Saint-Martin. Ceci se passait en 588 (1). Le diacre Walfroy, dut alors changer complètement son genre de vie. Accompagné de ses pauvres religieux, il abandonna sa montagne et vint se réfugier dans les murs d'Ivois. Là il fut ordonné prêtre par saint Magnéric, qui occupait depuis quinze ans au moins le siége de Trèves, et qui connaissait depuis longtemps le haut mérite du pieux solitaire. Aussi, le saint Archevêque ne crut pouvoir remettre en meilleures mains les fonctions de *Doyen de la Chrétienté d'Ivois*.

« Les légendes du diocèse de Trèves, (dit le » vénérable M. Hulot, successeur de saint Walfroy dans la Cure et le Doyenné de Carignan,) » l'auteur de la vie de saint Magnéric, Ebervin, » abbé de Saint-Martin de Trèves au Xe siècle, » le désignent comme tel. L'ancienne oraison » que les pèlerins récitent en son honneur, lui » donne cette qualité.

(1) *Annales d'Ivois*, (page 226).
Histoire du Comté de Chiny, **T. II** (page 406).

« Les fonctions d'un *doyen de chrétienté* con-
» sistaient alors dans l'inspection d'un certain
» nombre de paroisses ; à administrer le baptême
» solennellement aux fêtes de Pâques et de la
» Pentecôte, à visiter les églises et à rendre compte
» à l'Evêque diocésain de leur situation. (1) »

Il n'y a pas lieu, du reste, d'être surpris de voir
un simple religieux revêtu de ce titre. Car si on
prenait alors communément les Evêques dans les
monastères, à plus forte raison, pouvait-on y choi-
sir de simples doyens de chrétienté. A qui d'ailleurs, cette dignité appartenait-elle à plus juste
titre qu'à saint Walfroy ? N'avait-il pas converti
les infidèles, et formé lui-même par ses prédica-
tions cette chrétienté d'Ivois dont il devenait
officiellement le chef ? Qui pouvait mieux culti-
ver la foi dans ces âmes que celui qui l'y avait
plantée ? Quel autre pouvait mieux instruire ces
cathécumènes et juger de leurs dispositions ?

Il mourut dans ces saintes fonctions, probablement à Ivois, selon plusieurs auteurs, au milieu de ses frères, et après les avoir longtemps
édifiés par ses vertus. Les uns fixent la mort du
Saint en 594, les autres en 600 ; mais tous lui

(1) M. Hulot, *Vie de saint Walfroy*, Charleville,
Pouillard 1865. (page 15).

assignent pour date le 21 octobre, jour auquel on célèbre actuellement sa fête. (1)

Suivant l'auteur des *Chroniques d'Orval* (p. 276) le monastère, brûlé en 588, ne tarda pas à se relever de ses ruines. Walfroy le fit rebâtir et l'habita jusqu'à sa mort. Quoiqu'il en soit, on ne peut douter que, *rapporté, ou non*, suivant son désir, dans l'oratoire réédifié par ses soins sur l'emplacement de sa colonne, son corps n'y ait été déposé. C'est là qu'il avait voulu vivre, c'est de là qu'il espérait monter au ciel, c'est là aussi qu'il voulut être enterré. Au surplus, continue M. Jeantin, les merveilles qui s'opérèrent sur son tombeau et qui rendirent ce lieu célèbre dans tous les pays voisins ; ces nombreux miracles qui ont pour appui une tradition constante. non équivoque et non contestée de plus de douze siècles, ne peuvent être contestables ; c'est la plus évidente des vérités. (2)

Saint Walfroy reposa en paix pendant quatre siècles, dans le sépulcre qu'il s'était choisi. En 979, le monastère fut entièrement ruiné, par suite des terribles guerres entre la France et l'Empire, et l'église réduite en cendres. Toutefois, les reliques de saint Walfroy furent trouvées

(1) Voir *Browerus*, in. ann. Trev. ann. 587.
(2) *Histoire de Chiny*. T. II. (page 407).

entières dans leur châsse ; elles avaient échappé à l'incendie, selon cette parole du psaume, que cite le premier, Ebervin, abbé de Saint-Martin de Trèves au Xe siècle, et que tant d'autres ont répétée après lui : « Le Seigneur garde lui-même les « os de ses Saints, et aucun ne sera brisé. » *Dominus custodit ossa eorum, unum ex his non contoretur.* Ps. XXXIII. 21. (1)

Néanmoins, ce prodige toucha Egbert, Archevêque de Trèves (de 977 à 993), et le détermina en 980, à transférer le corps du Saint dans un lieu où il fut plus en sûreté, c'est-à-dire à Ivois. Tout le clergé et une foule innombrable de peuple assistèrent à la cérémonie, dit Bertholet. Ebervin, qui était présent, raconte que durant la procession il tomba une grande pluie sans qu'une seule goutte arrosât la châsse de saint Walfroy, durant une marche de plus de deux lieues. L'eau respectant à son tour, ce que le feu avait précédemment épargné. Sans doute que Dieu voulait, par ce nouveau miracle, manifester la gloire de son serviteur, et inspirer aux peuples de la con-

(1) *Histoire de Luxembourg* par Bertholet. T. II (page 70).
Annales d'Ivois-Carignan, (page 35).
Chroniques d'Orval, (page 277).
Bulletin du diocèse de Reims, 2e année (page 114).
Vie de saint Walfroy, par M. Hulot, 1865. (page 17).

fiance en lui. La translation solennelle des reli-
qûes de saint Walfroy eut lieu le 7 juillet. C'est
pour cela que la fête du saint Confesseur se cé-
lébrait à cette date dans l'ancienne liturgie tré-
viroise. Nous la faisons maintenant, dans tout le
diocèse de Reims, le 21 octobre, jour anniver-
saire de la mort de saint Walfroy, et Rome a
daigné approuver le nouveau choix.

Depuis cette époque de 980 (que plusieurs auteurs font remonter deux ans plus haut), la ville
d'Ivois est incontestablement restée dépositaire
des précieux restes que l'Archevêque Egbert lui
confia, il y a 900 ans. Seulement, dans les nombreux siéges qu'elle a essuyés, et surtout après
le sac effroyable de 1639, la tradition du lieu où
le corps de saint Walfroy était placé s'est perdue.
Alors, disent les *Annales d'Ivois*, Louis XIII or-
donna au Maréchal de Châtillon de traiter cette
place en toute rigueur, pendant que lui-même
attendait à Mouzon l'exécution de ses impitoya-
bles arrêts. Les bourgeois se rendirent à discré-
tion; on les chassa, en leur permettant d'enlever
seulement ce qu'ils pourraient porter sur leur
dos. On fit sauter jusqu'aux fondations ; deux
maisons à peine demeurèrent debout. On abattit
à coups de canon l'église paroissiale et collégiale;
il ne resta que le collatéral de gauche avec un

frontispice. (*Annales* p. 149). Prêtres et laïcs furent également chassés ; le Chapître se retira à Bruxelles, où il resta banni plus de vingt ans. Quoi d'étonnant qu'au milieu d'un si épouvantable désastre, on ait perdu la trace du saint dépôt ?

« En 1826, dit M. l'Abbé Hulot, on fit des re-
» cherches là où la tradition populaire indiquait
» que les reliques de saint Walfroy étaient en-
» fouies depuis la réédification de l'église. On
» a effectivement trouvé sous le massif d'un au-
» tel des os noircis qui pourraient bien être ceux
» de saint Walfroy. Mais ces os, si toutefois ils
» sont ceux du Saint, ayant été confondus avec
» d'autres, et ne pouvant plus, par cette raison,
» être exposés à la vénération publique, auront
» probablement été déposés sous cet autel, comme
» dans l'endroit le plus convenable. On a laissé
» ces os dans l'endroit où on les a trouvés, sous
» l'autel en question, et on n'a pas jugé à propos
» de se livrer à de nouvelles investigations. » (*Vie
de saint Walfroy*, p. 20).

Toutefois, continuent les *Annales* (p. 226) les merveilles que saint Walfroy avait opérées pendant sa vie, et celles qui se firent à son tombeau rendirent ce tombeau célèbre dans tous les pays voisins et on y accourait de toutes parts. La translation des reliques à Ivois, loin de diminuer la vénération du peuple pour le premier lieu de sa sépulture ne fit que l'accroître par les miracles dont Dieu continue à l'illustrer ; et c'est de ce concours des fidèles sur la sainte montagne que sont venues les belles foires que l'on y tient chaque année le 25 juin et le 1er mardi de septembre. (C'était autrefois le 7 juillet).

Ebervin décrit ainsi ce qu'il avait sous les yeux, au Xe siècle : « l'antique tombeau de pierre, que
» l'on voit aujourd'hui au milieu de l'église, est
» l'objet d'une grande vénération de la part des
» habitants du Luxembourg et de ceux des con-
» trées voisines. Il s'élève de trois pieds, environ,
» au-dessus du sol ; et est arrondi en forme de
» voûte. On peut y entrer d'un côté et en sortir de
» l'autre par une vaste ouverture à deux portes.
» Les pieux pèlerins pénètrent en rampant, d'un
» côté du tombeau et sortent par le côté opposé.
» Non-seulement saint Walfroy a fait en ce lieu
» bien des miracles quand ses reliques y repo-
» saient avant leur translation à Ivois ; mais de-
» puis cette époque les mêmes prodiges s'opèrent
» auprès du tombeau où la puissance du serviteur
» de Dieu réside toujours, quoique son corps
» n'y soit plus. Ce sont surtout les personnes
» affectées de la goutte ou d'autres maladies des

» pieds qui trouvent ici du soulagement. Dieu
» opère sans doute ces merveilles en mémoire
» de son fidèle stylite, qui perpétuellement de-
» bout sur sa colonne, pendant sa vie, offrait à
» Dieu comme un hommage de son amour et de
» son culte, les douleurs cruelles qu'il avait à
» souffrir dans les pieds. » (Bollandistes, *Acta
sanctorum octobris*, T. IX. p. 3. f.)

Du monastère, on ne trouve plus aucune men-
tion dans l'histoire depuis la fatale époque du
Xe siècle. Mais l'ancienne église fut reconstruite
pour satisfaire aux vœux des populations. Le
tombeau était vide, dit M. Jeantin, mais la terre
sainte restait sous la pierre sépulcrale religieuse-
ment conservée. Cette pierre demeura toujours
dans la modeste chapelle autour de laquelle se
groupa une petite paroisse.

Les lettres de Hillin, Archevêque de Trèves en
1157, en établissent clairement l'existence. Les
Chroniques de l'Ardenne et des Woëpwres, (T. II,
p. 494,) nous ont donné, la précieuse chartre de
ce prélat. Il y confirme l'usage où plusieurs loca-
lités qu'il désigne sous le nom de *Villa* étaient
depuis les temps les plus anciens de faire chaque
année une offrande de cierges à l'église de Saint-
Dagobert de Stenay. Du nombre de ces *Villa*, il
place Saint-Walfroy, en désignant comme for-

mant une même paroisse avec lui, Laferté, et Moiry. Il y avait donc à Saint-Walfroy un village de ce nom.

D'ailleurs, des ruines nombreuses, et vingt-cinq cercueils de pierre se touchant et posés en file, trouvés au commencement de ce siècle, témoignent assez clairement que la montagne a autrefois été habitée. (1)

En 1240, Thierry, comte de Wied, 85e archevêque de Trèves, réunit la cure de Saint-Walfroy, *Sancti Walfragii*, avec ses dépendances, Laferté, La Mouilly et Moiry, à l'abbaye d'Orval. La chartre d'union que reproduisent les *Chroniques de l'abbaye d'Orval*, (p. 134), nous a conservé les noms des donateurs qui ont concédé au couvent les terrains annexés à l'église de Saint-Walfroy. Ce sont, Jean de Lafontaine et sa femme ; Eustache, sire de Laferté, Claude de la Bourlotte seigneur de Sapogne etc. C'est dans cette situation, de dépendance d'Orval pour les soins religieux, que subsista l'Eglise de Saint-Walfroy pendant 550 ans. L'affluence y était considérable. « Il s'y est fait quantité de miracles, écrivait le » P. Bertholet en 1742, tant par l'intercession » de saint Martin que par celle de saint Walfroy. » C'est ce qui a rendu ce pélerinage célèbre, et

(1) *Annales d'Ivois-Carignan* (page 227, 228).

» l'on voit encore aujourd'hui un grand concours
» de peuples qui viennent de toutes parts. » (1)

Trois moines, détachés du couvent d'Orval, vivaient en ermites sur la montagne de Saint-Walfroy et se chargeaint du service religieux du pélerinage. Ils étaient à leur poste et occupés à la prière, quand pendant la nuit fatale du 23 juin 1793, ils aperçurent à l'horizon, une lueur sinistre. C'était l'incendie d'Orval qui commençait. *Six cents cordes de bois*, amoncelées à grands renforts de bras dans les réfectoirs, les dortoirs, les cloîtres, les cellules, les chapelles, formaient un océan de flammes dans lequel s'abîmaient l'une après l'autre ces puissantes murailles, contre lesquelles le canon avait été trouvé impuissant. Un monde s'écroulait ; en attendant qu'il plut à la Providence de le relever de ses ruines.

La Révolution, dans sa course, a renversé bien des trônes, détruit bien des institutions, couché sur le sol, ou totalement déraciné bien des monuments empreints du génie de l'homme, et enfantés par les travaux de plusieurs générations. Il est une chose qu'elle ne détruira jamais : c'est le souvenir des Saints, et leur culte dans les lieux qu'ils ont édifiés par leurs vertus, et consolés par leurs bienfaits.

(1) Bertholet. T. II. (page 65, en note).

« Les Justes sont dans la main de Dieu, dit le
» livre de la Sagesse, la mort ne les atteindra pas.
» Aux yeux de l'insensé, ils ont semblé mourir ;
» mais leur espoir est plein d'immortalité. Ils
» brilleront à jamais ; ils domineront sur les
» peuples ; et leur Dieu régnera toujours. » (1)

Modèles des âges futurs par leur héroïsme et
leur sainteté, on se racontera de siècle en siècle
les merveilleux exemples qu'ils ont laissés, ou
les paroles sorties de leur bouche. La piété les
recueillera pour les méditer et pour s'en nourrir.
Bienfaiteurs des peuples après leur mort, comme
pendant leur vie, ils verront accourir au pied de
leur tombeau tous ceux qui souffrent, parce que
leur pouvoir miraculeux a des guérisons pour un
grand nombre, et des consolations pour tous. On
se sent plus près de Dieu, quand on a le bonheur
de s'approcher des Saints. Ils sont vraiment, et
souvent visiblement de tout-puissants intercesseurs auprès de lui. Ainsi en arriva-t-il pour
saint Walfroy. Orval est dans la poussière ; mais
le culte du serviteur de Dieu a survécu, plus vigoureux, plus jeune, plus bienfaisant que jamais !

Devenu propriété nationale, l'ermitage de
Saint-Walfroy fut vendu pour la première fois
en 1795. Après diverses mutations, il fut acheté

(1) Sagesse, 3.

en 1799 par un ouvrier carrier du nom de J.-B. Montlibert. Après lui, sa veuve et ses enfants demeurèrent les propriétaires de l'ermitage jusqu'en 1838. Nul doute, qu'ils cherchèrent à exploiter à leur profit, le sentiment religieux des populations.

Mais l'autorité religieuse avait l'œil ouvert! Le concordat de 1801, venait de placer les Ardennes sous la juridiction de l'évêché de Metz. Dès 1810, M. Jauffret, Evêque de Metz, promulgue un réglement sévère sur la tenue des pélerinages, et bientôt après lance un interdit sur celui de Saint-Walfroy, à cause des abus qui s'y commettaient.

Le siége métropolitain de Reims, rétabli par le concordat de 1817, reçoit un nouveau titulaire en 1822. Il a autorité sur tout le département des Ardennes ; c'est de lui que ressortira désormais Saint-Walfroy.

En 1826, le curé de Signy-Montlibert et Bièvres, M. l'abbé Raymond, élève le premier la voix. C'est son devoir, car le pélerinage est situé sur le territoire de Bièvres. Il dénonce le 28 octobre à l'Archevêché, les abus du pélerinage et notamment les manœuvres employées par de faux pèlerins, commissionnés pour répandre de prétendus miracles, et attirer ainsi la foule sur la montagne. Les plaintes de M. Raymond sont confirmées par celles de M. Rambour, curé de Sedan. A deux reprises, il écrit pour demander que l'autorité archiépiscopale interdise le culte à Saint-Walfroy. Il communique à Reims les pièces officielles émanées de Metz en 1810, et il prie le Cardinal de Latil d'user de son influence auprès du gouvernement, pour transférer à Carignan les foires qui se tiennent sur la montagne. Il espère, par là, détourner les pèlerins de ce lieu, maintenant profané, et les attirer dans la chapelle consacrée depuis des siècles au culte de saint Walfroy , dans l'église de Carignan. Vain espoir ; il fallut sévir !... Jean Montlibert se plaignait vivement, par une lettre du 28 septembre 1829 , que l'interdit pesât depuis deux ans sur la Chapelle ; il demandait l'autorisation d'y faire célébrer la sainte messe, *par tout prêtre* qui se présenterait. Mais l'Achevêque répondait en confirmant ses précédentes défenses,

Il est vrai, qu'au même moment, M. Hulot, Doyen de Carignan, signalait à l'autorité de nouvelles manœuvres : une *Vie de saint Walfroy,* publiée par le propriétaire de la chapelle, passant sous silence la translation des reliques à Ivois, par l'archevêque Egbert, affirmait, que la chapelle du pèlerinage possède seule dans les

Ardennes des reliques du Saint... Néanmoins, l'affluence subsistait toujours.

En 1838, l'ermitage était cédé, moyennant, 4,000 fr., par la veuve Montlibert, à Pierre-Joseph Moll, se disant capucin, et se fesant appeler *Frère François*. (Ce qui ne l'empêchait pas d'épouser *civilement* à Bièvres, le 8 mai 1840, Anne Alexandre, morte au même lieu, le 29 avril 1842, quelques mois après l'enfant qu'elle avait eu de son mariage). L'indécente exploitation continuait plus déplorable encore que par le passé. Et cependant, rien n'ébranlait la foi de ces populations, ni leur confiance en leur saint protecteur. L'affluence était la même. Ecoutons un pieux laïc : « Nous irons un jour sur cette sainte
» montagne, s'écrie M. Jeantin. Nous entrerons
» dans le modeste sanctuaire ; qui, bien qu'in-
» terdit aujourd'hui, attire encore les populations
» de vingt lieues à la ronde (la chapelle est inter-
» dite ; elle appartient à un particulier *qui la*
» *loue à un cordonnier*, lequel en fait un objet
» de spéculation). Là, en présence de ce simula-
» cre grossier, (pour ne pas employer une ex-
» pression plus irrévérentieuse), en présence de
» cette statue informe, offerte à la piété des
» croyants par un gardien mercenaire, nous
» comprimerons toute velléité de sourire, sous

» l'impression des souvenirs puissants que rap-
» pelle ce saint lieu. Nous nous agenouillerons
» respectueusement sur cette pierre *figurative,*
» entourée de mille petits cierges ardents ; cé-
» notaphe menteur, qui n'est certainement pas
» la pierre tombale de saint Walfroy, comme le
» pseudo-ermite voudrait bien le faire croire ;
» mais qui repose au moins sur l'emplacement
» où ce célèbre stylite fut enterré ; puis à mi-
» côte, nous ferons une pose près de la petite
» source où la foule des mères pieuses va trem-
» per des linges ou remplir des fioles, dans un
» espoir de guérison pour quelque enfant ché-
» ri. » (1)

Cependant le faux capucin François Moll avait
disparu quelques jours après son mariage, lais-
sant, comme nous venons de le dire, l'ermitage
en location à un cordonnier ; quand, quatre ans
après, en 1844, on retrouva dans la Chière, à
Blagny, un cadavre que la conformation particu-
lière de la denture, fit prendre par quelques
personnes pour celui de cet individu assez connu
dans le pays. Toutefois, les autorités locales
n'ayant point été averties, ne reconnurent point
l'identité, et enterrèrent le cadavre sans la constater. Néanmoins le bruit s'en répandit, et les

1) *Chroniques d'Orval,* (page 132).

pieux fidèles y virent un favorable augure de la réalisation de leurs désirs sur la restauration de Saint-Walfroy.

Un jeune archevêque, plein de zèle pour le bien, venait de s'asseoir (1840) sur le siége de saint Remi. En 1845 M. le curé de Bièvres demande à monseigneur Gousset de transférer le pélerinage dans son église paroissiale. Une chapelle est préparée. En 1847, il sollicite la permission de faire l'office de saint Walfroy et d'en célébrer la fête. En 1850, M. l'abbé Rondeau s'offre à quitter la cure des Deux-Villes pour habiter la montagne et se dévouer au service des pèlerins. Un souvenir de cœur, joint à sa piété, l'attiraient aux pieds du saint apôtre; il avait vu sa mère mourir par accident en accomplissant le pélerinage. Dès lors, monseigneur Gousset n'hésita plus. Ordre est donné en 1854 à M. l'abbé Hulot, doyen de Carignan, d'acheter l'ermitage. Mais comment y parvenir? Le propriétaire légal a disparu depuis onze ans; on ne lui connait pas d'héritiers. C'est alors qu'on se souvint du noyé de Blagny, et qu'à force de recherches on put constater qu'il était Pierre-Joseph Moll, autrement dit le frère François. Il avait pour héritier Henri Moll, propriétaire à Roubaix; on se met en relation avec ce dernier. Alors la joie popu-

laire éclate. M. Jeantin imprime, en 1852, dans les *Chroniques de l'Ardenne et des Woëpwres*, la note suivante : « On nous assure que l'oratoire de
» Saint-Walfroy va être rendu prochainement au
» culte religieux. Nous serions heureux que notre
» voix ait pu contribuer à faire cesser un scan-
» dale qui affligeait tous les cœurs chrétiens; et
» leur reconnaissance tiendra compte à ceux qui
» entreprennent, dit-on, sous les auspices de
» monseigneur le Cardinal de Reims et de son
» vénérable archiprêtre Nanquette de Sedan, de
» racheter la chapelle et de régulariser les actes
» de dévotion des pélerins. » (1).

L'élan était donné, et l'œuvre de restauration va marcher à grands pas. Le 3 août 1854, juge-ment du Tribunal de Sedan qui reconnait l'iden-tité de Joseph Moll, et déclare Henri Moll son héritier. Le 6 septembre promesse authentique de vente consentie par Henri Moll, au profit de Son Eminence, moyennant la somme de 9000 fr. Le 12, le Cardinal vient visiter Saint-Walfroy, au milieu d'une foule considérable et du plus manifeste enthousiasme. Il y trouva : la fontaine, où le Saint se désaltérait; une maison d'habita-tion presque en ruine; un massif de pierres figurant un tombeau placé au milieu d'une sorte

____

(1) *Chroniques*. (T. II page 467.)

d'étable aux murs délabrés, aux plafonds entrou-
verts, sans pavé. Et pourtant, des cierges y brû-
laient en grand nombre. En face du tombeau,
une sorte d'abside carrée, voûtée, aux nervures
d'arête accusant le XIII⁰ siècle. Là était un
autel de bois, et sur l'autel une statue aussi de
bois, violemment peinte et presque informe. Ce
délabrement, cette profanation attiraient des larmes. Mais qu'elles étaient vite consolées, quand
on pensait à l'avenir ! Monseigneur Gousset
quittait Saint Walfroy pour se rendre à Rome
où une invitation personnelle l'appelait au
nom de Sa Sainteté Pie IX, à la proclamation du
dogme de l'Immacul'e Conception. Par ses or-
dres, MM. les vicaires-généraux s'adressent le
25 septembre 1854 au clergé du diocèse, afin
d'obtenir les 15,000 fr., nécessaires à la restauration de la chapelle, du tombeau de saint Walfroy, et à la reconstruction de l'ermitage. Cet
appel est entendu. Monseigneur a souscrit per-
sonnellement pour 1,000 fr. et M. Hulot pour 500.

Un an après, le 24 juin 1855, Son Eminence a
reparu sur la montagne. Elle vient annoncer que
ses démarches auprès du gouvernement vont
aboutir, et que le pélerinage sera bientôt cano-
niquement rétabli. En effet, le 25 du même mois,
un décret de S. M. l'Empereur Napoléon III

accordait l'autorisation demandée. Le même jour, 25 juin, la foule fut si grande dans la chapelle, qu'on y recueillit une somme de plus de 300 fr., en simple monnaie de billon. Au mois de septembre suivant (le 4), la sainte messe fut célébrée pour la première fois dans la chapelle rouverte et restaurée. Le 7 août, l'acquisition devient définitive au nom de l'archevêché de Reims.

Bientôt, M. l'abbé Rondeau est installé dans ses fonctions de chapelain ; il organise le pélerinage ; il voudrait y réunir sous le patronage de saint Walfroy, les curés des environs pour tenir avec eux des conférences spirituelles. Les travaux d'appropriation et de consolidation marchent rapidement. Un splendide bâtiment s'élève sous la direction de M Brunette, architecte de Reims. Il servira au logement du chapelain ; l'ancien ermitage deviendra une hôtellerie pour les pèlerins. Tout s'achève rapidement et avec bonheur ; le 21 octobre 1859, le cardinal Gousset célèbre la fête de saint Walfroy sur la montagne même, au milieu d'un concours immense de prêtres et de fidèles. Depuis dix-huit jours consécutifs Son Eminence parcourait le doyenné de Carignan et en visitait les moindres paroisses. Son affabilité, sa bonté, avaient charmé tous les cœurs. On aimait à venir sur la montagne lui exprimer la reconnaissance de tous.

Et cependant, rien n'était fait aux yeux du Cardinal, puisqu'il lui restait encore à faire. Une nouvelle lettre pastorale fut adressée au diocèse le 15 octobre 1863 afin de se procurer les fonds nécessaires à la construction d'une chapelle digne des souvenirs qu'elle devait abriter. Cent mille francs furent recueillis. Ils servirent à quelques acquisitions de terrains indispensables et à l'érection du monument en faveur duquel ils avaient été sollicités. « Il est d'une noble simplicité, dit
« M. l'abbé Cerf, chanoine de Reims, construit
« tout en pierre, du style roman. L'élévation de
« la montagne, les vents violents qui soufflent à
« son sommet, ne permettaient pas de donner
« au sanctuaire des proportions trop grandes et
« trop élevées L'abside, la nef, les bras de la
« croix sont unis par un octogone de 11 mètres
« de largeur, surmonté d'une coupole gracieuse,
« sous laquelle est placé en contre-bas du sol le
« monument de saint Walfroy. Une statue cou-
« chée, due à l'habile ciseau de M. Wandling, de
« Reims, marque l'emplacement séculaire du
« tombeau. Au fond de l'abside, on admire un
« très-beau Christ de grandeur naturelle. Dans
« la chapelle de la très-sainte Vierge, un groupe

« de la sainte Famille, en bois sculpté et
« polychromé ; et dans le sanctuaire, trois sta-
« tues d'évêques, savoir : saint Grégoire de
« Tours, saint Magnéric et saint Martin. Ces
« différentes statues sont dues à la munificence
« personnelle du cardinal Gousset. » (1)

Trois fois depuis 1854, le bon cardinal était
venu visiter saint Walfroy, en 1855, en 1856
et en 1863. Sa dernière course pastorale dans
son diocèse, fut une sorte d'adieu au saint
stylite des Ardennes pour qui il professait une si
sincère dévotion. C'était le 26 septembre 1866.
Trois mois après, il quittait cette vie pour un
monde meilleur.

Héritier de son zèle pour la gloire des saints
et pour le salut des âmes, S. E. monseigneur
Landriot a voulu finir ce que son illustre prédécesseur a si noblement commencé. Par une lettre
du 21 août 1868, il a recours à la charité des
fidèles pour la reconstruction du bâtiment des-
tiné à la réception des pèlerins. Il annonce en
même temps que le pélerinage sera désormais

(1) *Bulletin du diocèse de Reims*, 2ᵉ année, nᵒ 10, p. 15.
Art. saint Walfroy par M. C. Cerf. Une quatrième statue
accompagnerait parfaitement les trois autres ; ce serait
celle de saint Nicet, Archevêque de Trèves, le maître de
saint Aredius et de saint Walfroy.

confié à la piété et au zèle des enfants dévoués de saint Vincent-de-Paul. C'est encore la réalisation d'un des plus ardents désirs du cardinal Gousset. Dès 1854, avant que le rachat fut consommé, le cardinal proposait de lui-même la direction du nouvel établissement aux Récollets de Belgique. En 1855, M. Hulot offrait de les recueillir dans son presbytère en attendant que les bâtiments de la montagne pussent les recevoir. Les curés des environs racontaient à l'envi, le succès du P. Ignace, à Carignan, à Puilly, à Blagny. Le P. Ignace lui-même visitait Saint-Walfroy en 1856 et témoignait combien il serait heureux de s'y fixer. Quand les combinaisons proposées par ces dignes religieux eurent échoué pour diverses causes, monseigneur Gousset se tourna vers les Franciscains et vers les Rédemptoristes, tant il tenait fermement à son idée du premier jour. Son digne et vénéré successeur, comprenant sa pensée, a le bonheur de la mettre à exécution. Son prédécesseur, dans le ciel ; les âmes fidèles sur la terre, lui en seront à jamais reconnaissantes. Et bientôt, quand les aumônes du diocèse auront remplacé les ruines actuelles par un bâtiment convenable et mieux approprié à sa destination, la restauration sera complète, et le pays tout entier doté d'une fondation relipieuse des plus importantes et des plus utiles. L'Apôtre des ardennes revivra pour leur plus grand bien.

AVIS AUX PÈLERINS.

I. Un pèlerinage est un voyage de dévotion en un lieu consacré par des souvenirs religieux. Ce n'est donc pas une partie de plaisir, et vous ne devez l'entreprendre qu'avec recueillement et piété. Récitez en le commençant, les prières de l'*Itinéraire* que vous trouvez ci-après, (p. 41) ; et à mesure que vous approchez de la sainte montagne, purifiez de plus en plus vos intentions. Nous ne vous engageons pas à suivre l'exemple de quelques pèlerins qui prenant comme dites pour eux-mêmes, les paroles que Dieu adressait à Moyse en présence du buisson ardent, ôtent leur chaussure et montent nu-pieds les rudes sentiers qui conduisent à la chapelle du pèlerinage. Nous vous dirons de parcourir en esprit de pénitence le chemin qui aboutit au lieu où s'élevait la colonne au haut de laquelle saint Walfroy accomplit des œuvres si merveilleuses de pénitence. Un jour un *Chemin de la Croix* sera établi sur les pentes de la montagne ; vous aimerez alors à en suivre pieusement les stations.

Aussitôt arrivés au pélerinage, vous irez à la chapelle adorer Notre-Seigneur dans le très-saint Sacrement, et vous réciterez devant le tombeau l'antique prière à saint Walfroy, si chère aux pèlerins ; elle est à la page 46.

Préparez-vous à la communion, par une bonne confession si déjà vous ne l'avez fait avant votre départ; vous pourrez en outre réciter le chapelet, lire attentivement les psaumes de la pénitence, ainsi que le cantique à saint Walfroy, qui est à la page 44, faire le *Chemin de la Croix* et visiter pieusement l'autel et le tombeau du Saint.

Les personnes qui désirent faire une *retraite*, trouveront à l'hôtellerie le réglement qui leur enseignera à s'en acquitter utilement.

Avant de quitter le pélerinage, écrivez si vous le pouvez, les bons sentiments que vous aurez eus dans ce lieu béni, les pensées qui vous auront le plus frappé et surtout les résolutions que vous aurez prises.

Procurez-vous quelques objets de piété qui vous rappelleront votre passage ou votre séjour sur la montagne de saint Walfroy.

Dans une dernière visite à la chapelle, deman-
dez humblement la bénédiction du Saint que
vous êtes venu honorer, et ce sera le viatique
de votre retour au sein de vos familles.

Enfin vous pourrez lire en partant *l'Itinéraire*
indiqué ci-dessus.

AVANTAGES D'UN PÉLERINAGE.

II. L'or et l'argent ne se trouvent pas partout,
la terre a ses veines choisies pour les produire.
Il y a aussi dans l'ordre de la grâce des mines
d'où sortent des trésors plus abondants et c'est
pour cela que les pélerinages ont toujours été en
honneur dans l'église ; il est en effet dans la
nature des choses, que la vue des reliques d'un
saint, des instruments de son martyre ou de sa
pénitence et du tombeau où il repose, fasse dans
les âmes une impression plus vive et plus durable
que le récit de ses grandes œuvres ; comme
aussi il est prouvé par de nombreuses expérien-
ces, que le Seigneur aime à glorifier le tombeau
de ses saints par des miracles en faveur de ceux
qui viennent y répandre leurs prières avec foi
et piété.

Il faut dire aussi que la prière, qui est souvent

l'expression de la douleur et de la tristesse, aime les lieux solitaires afin de s'épanchér devant Dieu avec plus de confiance et de liberté. Ajoutons que les âmes malades et fatiguées des bruits du monde, cherchent naturellement les lieux élévés pour y respirer un air plus pur et pour s'y entretenir dans le silence des créatures, avec le Dieu de la paix, de la miséricorde et de pardon.

Telle est la solitude de saint Walfroy. Aussi depuis douze siècles un concours nombreux de pèlerins, viennent y chercher chaque jour le salut de leurs âmes et la guérison de leur maladies ou de leurs infirmités.

On a obtenu à toutes les époques des grâces de toutes sortes au tombeau du Saint, mais outre le nombre prodigieux des dons spirituels qu'on y a reçus et que Dieu nous fera connaître au jour de toutes les révélations, les guérisons extraordinaires ont été plus nombreuses ces dernières années ; nous pourrions en produire un certain nombre fondées sur des témoignages irrécusables.

A tous ces avantages à peine indiqués, il faut ajouter une messe qui doit être célébrée pendant cinquante ans, le vendredi de chaque semaine, dans la chapelle de saint Walfroy, en faveur des personnes qui contribuerons à l'achèvement du sanctuaire, par l'offrande spéciale de dix francs, une fois donnés, ou de cinq francs donnés successivement pendant deux années. Cette fondation a été autorisée et encouragée par Son Éminence le Cardinal Gousset, archevêque de Reims.

MOYENS D'ASSURER LES FRUITS DU PÉLERINAGE.

III. Ce sont d'abord la confession et la communion. Il serait bien téméraire de croire que l'on sera toujours exaucé si on prie avec une mauvaise conscience. La prière du pécheur n'est pas rejetée de Dieu, sans doute, mais la prière du juste a seule des droits aux grâces spéciales et aux faveurs extraordinaires. Qui dira d'ailleurs les douceurs d'une âme coupable au moment où elle se relève des pieds du confesseur, réconciliée avec Dieu et avec elle-même. Ah ! mon père, disait à son confesseur un jeune homme, qui venait de recevoir au tribunal de la confession la grâce du pardon, il me prend envie de m'en aller criant partout : Venez vous confesser. Ah ! si vous saviez le bonheur qu'il y a à se confesser, vous vous confesseriez tous.

Un autre moyen, le meilleur et le plus excellent, ce serait une retraite de quelques jours au tombeau de saint Walfroy. La retraite élève l'homme au-dessus de lui-même et retrempe le chrétien aux sources de la grâce. David la désirait ardemment, lorsque, accablé d'ennui et de crainte, de peines et de douleurs, il s'écriait : je me suis éloigné en fuyant, et je suis demeuré dans la solitude. Pour répondre à ce besoin des âmes et aux désirs empressés d'un grand nombre de personnes pieuses, qui demandent des retraites prêchées à certaines époques de l'année, nous avons réglé ce qui suit :

1º Une retraite sera prêchée spécialement pour les hommes, depuis le lundi jusqu'au samedi de la semaine sainte ;

2º Une retraite générale aura lieu de l'Ascension à la Pencôte inclusivement :

3º Les 24, 25 et 26 juin, un triduum ;

4º Retraite du 7 au 15 septembre ;

5º Retraite du 20 octobre au 2 novembre inclusivement.

Un dernier moyen d'attirer des bénédictions sur le pèlerinage, c'est de contribuer, chacun dans la mesure de ses ressources, à l'achèvement de l'église de saint Walfroy et à la construction des bâtiments sans lesquels l'œuvre serait inachevée et presque inutile.

PRIÈRES DIVERSES.

ITINÉRAIRE.

CANTIQUE Benedictus.

Béni soit le Seigneur, le Dieu d'Israël, de ce qu'il a visité et racheté son peuple,

Et a suscité dans la maison de David son serviteur, un puissant médiateur de notre salut,

Selon la promesse qu'il avait faite par la bouche de ses saints prophètes qui ont été dans les siècles passés,

Qu'il nous délivrerait de la puissance de nos ennemis, et des mains de tous ceux qui nous haïssent,

En usant de miséricorde envers nos pères et en se souvenant de son alliance sainte,

Pour exécuter le serment qu'il avait fait à notre père Abraham qu'il nous donnerait sa grâce,

Afin qu'étant délivrés de la puissance de nos ennemis, nous le servions sans crainte,

Dans la sainteté et dans la justice, nous tenant en sa présence tous les jours de notre vie.

Quant à vous, petit enfant, vous serez appelé le prophète du Très-Haut, car vous irez devant le Seigneur pour lui préparer ses voies.

Pour donner à son peuple la science du salut, afin qu'il obtienne la rémission de ses péchés,

Par les entrailles de la miséricorde de notre Dieu, par lesquelles ce soleil levant est venu nous visiter d'en haut sur la terre,

Pour éclairer ceux qui étaient ensevelis dans les ténèbres et dans l'ombre de la mort, et conduire nos pas dans le chemin de la paix.

Gloire au Père, etc.

Ant. Que notre voyage soit heureux, que Dieu soit avec nous dans notre chemin, et que son saint ange nous accompagne toujours.

Seigneur, ayez pitié de nous.
Christ, ayez pitié de nous.
Seigneur, ayez pitié de nous.

Notre Père, etc.

℣. Sauvez, ô mon Dieu, vos serviteurs,

℟. Qui espèrent en vous.

℣. Envoyez-nous, Seigneur, votre secours du haut de votre sanctuaire.

℟. Et votre assurance de Sion,

℣. Seigneur, exaucez ma prière,

℟. Et que mes cris montent jusqu'à vous.

ORAISON.

O Dieu, qui avez fait marcher à pied sec les enfants d'Israël au milieu de la mer Rouge, et qui avez ouvert aux mages un chemin pour aller jusqu'à vous sous la conduite d'une étoile ; accordez-nous, s'il vous plaît, un heureux voyage et un temps favorable, afin qu'accompagnés de votre saint ange, nous puissions arriver heureusement au lieu où nous allons, et enfin au port du salut éternel.

O Dieu, qui, après avoir fait sortir votre serviteur Abraham de la ville d'Ur en Chaldée, l'avez préservé d'accident dans ses différents voyages, daignez nous conserver, nous vous en supplions, nous qui sommes vos serviteurs ; accordez-nous, Seigneur, votre protection au moment de notre départ, soyez notre consolation dans le chemin, notre rafraîchissement contre la chaleur, notre abri contre la pluie et le froid, notre voiture dans la fatigue, notre aide dans l'adversité, notre soutien dans les lieux glissants, et notre port dans le naufrage, afin que, sous votre conduite, nous arrivions heureusement où nous allons, et qu'enfin nous retournions chez nous pleins de santé.

Faites, s'il vous plaît, Seigneur, que vos serviteurs marchent dans la voie qui conduit au salut ; et que, fidèles aux instructions du bienheureux précurseur Jean-Baptiste, ils puissent arriver sûrement jusqu'à celui qu'il a prophétisé, c'est-à-dire jusqu'à Notre Seigneur Jésus-Christ, votre Fils.

Daignez, Seigneur, écouter favorablement nos prières conduisez les pas de vos serviteurs dans les voies du salut;

et par l'intercession du glorieux saint Walfroy, dont ils viennent implorer la protection, faites que, dans les différents évènements de leur voyage et de cette vie, ils soient toujours soutenus de votre secours; par N. S. J.-C.

℣. Allons en paix au nom du Seigneur.
℟. Ainsi soit-il.

CANTIQUE EN L'HONNEUR DE SAINT WALFROY.

Air :

Sortez de votre indifférence,
Lâches pêcheurs, chrétiens sans foi !
Un prodige de pénitence
Vous est offert dans saint Walfroy.
Jaloux de ressembler, de plaire
Au Dieu qui pour nous s'immola,
Souffrant sur un nouveau calvaire,
A son culte il nous appela.

On le vit sur une colonne,
Bravant les froids et les chaleurs,
L'orage et la foudre qui tonne,
Supporter en paix ses douleurs ;
On le vit, pieux solitaire,
Endurer la soif et la faim,
Se contenter sur cette terre,
D'un peu d'eau, de fruits et de pain.

C'en est fait de votre puissance,
Prêtres insensés des faux Dieux !
De Walfroy la haute science
A la foi convertit ces lieux.
Il flétrit tout culte profane :
Et Dieu secondant ses desseins,
La grande idole de Diane
Tombe et fait place au Saint des Saints.

O Walfroy, quelle est ta gloire !
Quel beau triomphe pour la Croix !
L'enfer se trouble à ta victoire,
Et ses oracles sont sans voix.
Ta demeure est une piscine
Où la foi console et guérit,
Et, grâce à la bonté divine,
Nul n'implore en vain ton crédit.

Au séjour du bonheur suprême
Que tes vertus t'ont mérité,
Tu t'enivres avec Dieu même
D'une ineffable volupté.
Du pur amour la douce flamme
Te rend notre zélé patron,
Et du corps et de l'âme
Tu nous obtiens la guérison.

Grand Saint deviens notre modèle
Dans le service du Seigneur !

Que notre âme lui soit fidèle,
Qu'il règne seul dans notre cœur,
Qu'il nous inspire ton courage,
Au milieu des plus durs travaux.
Plus de biens seront le partage
De ceux qui souffrent plus de maux.

De notre profonde misère
O bon saint Walfroy, soit touché !
Accueille notre humble prière :
Préserve-nous de tout péché,
Fais-nous aimer la pénitence,
Fais-nous craindre le Dieu vengeur,
Et remplis-nous de l'espérance
D'être avec toi dans sa splendeur.

ORAISON A SAINT WALFROY.

Grand saint Walfroy, animé du désir de vous sanctifier et de procurer le salut des âmes, vous avez quitté le monde et vous êtes retiré sur une colonne placée sur une haute montagne. Pendant que votre corps avait à souffrir toutes les tortures de cette étroite habitation et du froid excessif qui s'y faisait sentir en hiver, votre âme, embrasée du feu divin, s'élevait avec joie vers le Ciel et trouvait son bonheur à converser avec son Dieu.

Du haut de cette colonne, vous annonciez les grandes vérités de la religion chrétienne aux païens qui se rendaient sur cette montagne pour y adorer leurs idoles.

Combien d'âmes n'avez-vous pas arrachées à la puissance du démon et gagnées à Jésus-Christ ! Vos paroles avaient d'autant plus de pouvoir pour convertir les cœurs qu'elles étaient appuyées par des miracles. Avec quelle attention et quel respect n'étiez-vous pas écouté On vous regardait avec raison comme un prodige de pénitence ; on ne se séparait jamais de vous sans être fervent chrétien ou sans avoir intention de le devenir.

O bienheureux saint Walfroy ! par votre sainteté, vous avez acquis auprès du Tout-Puissant un grand crédit ; ceux qui vous invoquent en ressentent chaque jour les heureux effets : c'est à votre puissante intercession qu'ils attribuent la guérison de leurs infirmités corporelles et même spirituelles. C'est aussi avec une pleine confiance que j'ai aujourd'hui recours à vous et que je vous prends pour mon protecteur auprès de Dieu. Offrez-lui mes souffrances avec les vôtres ; suppliez-le de m'en délivrer ou de me donner la force de les supporter patiemment et de les rendre profitables pour mon salut.

Grand ami de Dieu ! ne m'abandonnez pas parce que je suis pécheur, je n'en suis que plus digne de compassion. Priez le Dieu des miséricordes de m'accorder les grâces dont j'ai besoin pour me rétablir dans son saint amour et pour y persévérer, afin qu'au sortir de ce monde je puisse le glorifier avec vous et jouir comme vous du bonheur éternel.

Ainsi soit-il.

Cinq Pater *et cinq* Ave *en l'honneur des cinq plaies de Notre Seigneur Jésus-Christ.*

MANIÈRE PRATIQUE

DE FAIRE LE CHEMIN DE LA CROIX.

Le pieux lecteur pourra en suivre un autre quelconque, suivant sa propre dévotion.
On fait un acte de contrition.

†

PREMIÈRE STATION.

Jésus est condamné à mort.

℣. Adoramus te, Christe, et benedicimus tibi.
℟. Quia per sanctam crucem tuam redemisti mundum.

Ah! mon Jésus, par cette injuste sentence de mort, souscrite tant de fois par mes fautes, délivrez-moi de la sentence de mort éternelle que j'ai tant de fois méritée.

Pater, Ave, etc.

℣. Miserere nostri, Domine.
℟. Miserere nostri.

En passant d'une station à l'autre, on dira :

Faites, ô mère de douleur,
Que les plaies du Sauveur,
Soient gravées dans mon cœur.

†

DEUXIÈME STATION.

Jésus est chargé de la croix.

℣. Adoramus te, Christe, etc.

O mon Jésus, qui portâtes volontiers une croix très-pesante fabriquée par mes péchés, faites-moi connaître la gravité de mes fautes ; et faites que je les pleure tous les jours de ma vie.

Pater, etc., ℣. *Miserere*, etc.

†

TROISIÈME STATION.

Jésus tombe sous la croix pour la première fois.

℣. Adoramus te, Christe, etc.

Le poids énorme de mes fautes, ô mon Jésus, vous fit tomber sous la croix. Je les hais, je les déteste, je vous en demande toujours de plus en plus pardon, et, aidé de votre grâce, je ne veux plus les commettre à l'avenir.

Pater, etc., ℣. *Miserere nostri*, etc.

†

QUATRIÈME STATION.

Jésus rencontre sa très-sainte Mère.

Adoramus te, Christe, etc.

Très-affligé Jésus ! O Marie, ô mère de douleurs ! si autrefois j'ai été, par mes péchés, la cause de vos peines et de vos angoisses, moyennant votre divin secours, je ne le serai plus pendant tout le reste de ma vie; mais je vous aimerai fidèlement jusqu'à la mort.

Pater, etc., ℣. Miserere nostri, etc.

†

CINQUIÈME STATION.

Le Cyrénéen aide Jésus à porter sa croix.

℣. Adoramus te, Christe, etc.

Heureux le Cyrénéen, qui vous aida, ô mon Jésus, à porter votre croix ! Que je serais heureux moi-même, si je vous aidais à la porter, en souffrant avec patience et volontiers, les croix que vous m'enverrez dans le cours de ma vie; faites-m'en la grâce; ô mon Jésus.

Pater, etc. ℣. Miserere nostri.

†

SIXIÈME STATION.

Véronique essuie la face de Jésus.

℣. Adoramus te, Christe, etc.

O mon très-doux Jésus, qui daignâtes imprimer votre face sacrée sur le voile avec lequel Véronique vous essuya, ah ! imprimez, je vous en prie, dans mon âme le souvenir permanent de vos souffrances.

Pater, etc., ℣. *Miserere nostri*, etc.

†

SEPTIÈME STATION.

Jésus tombe pour la seconde fois.

℣. Adoramus te, Christe, etc.

Mes fautes réitérées vous firent de nouveau tomber à terre, sous votre croix, ô mon Jésus ; ah ! aidez-moi à mettre en pratique les moyens efficaces pour ne plus retomber dans le péché.

Pater, etc., ℣. *Miserere nostri*, etc.

✝

HUITIÈME STATION.

Jésus console les femmes de Jérusalem.

℣. Adoramus te, Christe, etc.

O vous, mon Jésus, qui consolâtes les pieuses femmes de Jérusalem pleurant de vous voir ainsi tourmenté, consolez mon âme par votre miséricorde, sur laquelle je veux uniquement me reposer, et à laquelle je veux toujours correspondre.

Pater, etc., ℣ *Miserere nostri,* etc.

✝

NEUVIÈME STATION.

Jésus tombe sous la croix pour la troisième fois.

℣. Adoramus te, Christe, etc.

Par les outrages que vous avez endurés, ô mon Jésus, tombé sous le poids de la croix pour la troisième fois, faites, je vous prie, que je ne retombe plus dans le péché. Oui, mon Jésus, plutôt mourir désormais que de commettre encore le péché.

Pater, etc., ℣. *Miserere nostri,* etc.

✝

DIXIÈME STATION.

Jésus est dépouillé de ses vêtements et abreuvé de fiel.

℣. Adoramus te, Christe, etc.

O vous, mon Jésus, qui avez été dépouillé de vos vêtements et abreuvé de fiel, dépouillez-moi des affections aux choses terrestres, et faites que je déteste tout ce qui est du monde et du péché.

Pater, etc., ℣. *Miserere nostri*, etc.

✝

ONZIÈME STATION.

Jésus est attaché à la croix.

℣. Adoramus te, Christe, etc.

Par les cruelles douleurs que vous éprouvâtes, ô mon Jésus, quand vous fûtes barbarement attaché à la croix par les pieds et par les mains, faites que je crucifie toujours ma propre chair par l'esprit d'une mortification chrétienne.

Pater, etc., ℣. *Miserere nostri*, etc.

†

DOUZIÈME STATION.

Jésus meurt en croix.

℣. Adoramus te, Christe, etc.

O mon Jésus, qui après trois heures de la plus pénible agonie, mourûtes pour moi sur la croix, ah ! faites-moi mourir avant que j'aie le malheur de retomber dans le péché; et si je dois vivre, que ce soit uniquement pour vous aimer et pour vous servir avec fidélité.

Pater, etc., ℣. *Miserere nostri*, etc.

†

TREIZIÈME STATION.

Jésus est déposé de la croix dans le sein de sa mère.

℣. Adoramus te, Christe, etc.

Marie, ô mère très-affligée, ah ! quel glaive de douleur pour vous, de voir dans vos bras le corps expiré de votre bien-aimé Jésus ! Oh ! de grâce, obtenez-moi de détester toujours le péché, cause de sa mort et de vos souffrances : que je vive à l'avenir en vrai chrétien, et que je sauve mon âme.

Pater, etc., ℣. *Miserere nostri*, etc.

†

QUATORZIÈME STATION.

Jésus est mis dans le sépulcre.

℣. Adoramus te, Christe, etc.

Je veux toujours vous appartenir, comme un mort qui n'a point de volonté ; et si je vis, je veux, ô mon Jésus, vivre pour vous, par vous, et aller avec vous jouir dans le ciel du fruit de votre Passion et de votre mort douloureuse.

Pater, etc., ℣. *Miserere nostri*, etc.

OREMUS.

Deus, qui Unigeniti Filii tui pretioso Sanguine vivificæ Crucis vexillum sanctificare voluisti : concede, quæsumus, eos qui ejusdem sanctæ Crucis gaudent honore, tuâ quoque ubique protectione gaudere. Per eumdem Christum Dominum nostrum.

℟. Amen.

On peut terminer par un Pater, Ave et Gloria, suivant l'intention du Souverain Pontife.